Una carta inesperada

por María Danader

Todos los derechos reservados. Bajo licencia Safe Creative. Esta publicación no puede ser reproducida, distribuida o transmitida en forma alguna o por cualquier medio, incluido fotocopias, o cualquier medio electrónico o mecánico sin el permiso del escritor o del editor, ya sea en parte o en su totalidad. Todas las historias son ficción y cualquier parecido con la realidad es pura coincidencia.

ÍNDICE

Introducción_____5

        Método_____6

Capítulo uno_____9

        Resumen capítulo uno_____17
        Chapter one summary_____18

Capítulo dos_____19

        Resumen capítulo dos_____27
        Chapter two summary_____28

Capítulo tres_____29

        Resumen capítulo tres_____35
        Chapter three summary_____36

Capítulo cuatro_____37

        Resumen capítulo cuatro_____41
        Chapter four summary_____42

Capítulo cinco_____43

        Resumen capítulo cinco_____47
        Chapter five summary_____48

Capítulo seis_____49

        Resumen capítulo seis_____55
        Chapter six summary_____56

Capítulo siete _____ 57
    Resumen capítulo siete _____ 61
    Chapter seven summary _____ 62

Capítulo ocho _____ 63
    Resumen capítulo ocho _____ 67
    Chapter eight summary _____ 68

Vocabulario _____ 71

Léxico y gramática _____ 87

Expresiones idiomáticas _____ 91

Frases habituales _____ 93

Ejercicios de comprensión lectora _____ 97

    Soluciones _____ 103

Link audio _____ 105

Notas _____ 107

Otros títulos de la colección
publicados hasta la fecha _____ 109

INTRODUCTION

This book belongs to the ***IMPROVE SPANISH READING*** series specially written for those people who want to improve their Spanish level and vocabulary in a fun and entertaining way. Each book highlights every level's contents, from beginner to expert.

The stories are thought for people who are tired of reading books in Spanish without understanding them. Due to that, we have used a learning method based on the natural daily dialogues and expressions that, thanks to the summaries of each chapter, vocabulary index and the approach to the Spanish idiomatic culture, will get your Spanish to be more fluent.

At the end of the book you will find a downloadable audio link. Each story is recorded by a native Spanish speaker. With this audio, you can learn how to pronounce Spanish words properly while reading the novel.

The more advanced learning methods affirm that the most natural way of learning a language is close to the way children do. To that effect, these stories turn out to be perfect. It is not about understanding every word we are reading. It is not a reading and translating job. The real way of learning a language is understanding the context. We must be able to create an approximate idea of what the story is telling us, so later we can learn the vocabulary that will help us to find the needed words to express ourselves.

How do we use this learning method?

It is recommended to do a previous reading of the vocabulary before plunging oneself into the story, although this is not absolutely needed.

First of all, we will do a complete reading of each chapter. It does not matter if we do not understand everything we read; at the end of each chapter we will find a summary in Spanish and in English that will allow us to understand better what we have formerly read. If our comprehension has been good, we will continue with the next chapter; if it has not, we should read it again and check that now we understand the context better.

At the end of the reading we should do the comprehension activities that we can find at the end of the book.

We can play the audio while reading the book to improve our pronunciation or try to listen to the audio without reading the book and check if we understand everything. Either way, we will improve our Spanish language.

Throughout the stories we will find repeated topics, like greetings, meals, clothes, conversations in hotels and restaurants, addresses and descriptions of people that will help us interiorizing concrete and specific structures. These structures will be the base of the language knowledge in real situations.

UNA CARTA INESPERADA
por María Danader

Capítulo uno

Adolfo abre la ventana de su habitación y deja un montón de migas de pan sobre el alféizar. Es ahí donde ha colocado un pequeño comedero, un recipiente de plástico con varias piedras en su interior, para que el viento de la ciudad no se lleve las migas por los aires. También ha colocado un recipiente con agua. Es como si Adolfo tuviera una jaula en la ventana, pero sin barrotes, al aire libre.

Adolfo aspira el aire matinal, huele a otoño. Cuando cierra la ventana, piensa en su soledad y una pequeña lágrima cae por su arrugada mejilla. El hombre se queda ahí, detrás del cristal de la ventana de su habitación, mirando la calle. Son las siete y media y aún hay poca gente por la calle. Desde su ventana, ve al dueño de la papelería recogiendo fardos de periódicos del suelo y a la propietaria de la frutería dando órdenes a un par de chavales jóvenes que ha contratado para que le traigan la fruta fresca al punto de la mañana. También ve pasar a algún estudiante con su mochila al hombro y a varias personas que suben a sus coches para dirigirse a sus trabajos.

Adolfo conoce ese escenario a la perfección: es el barrio donde nació, donde pasó su juventud, donde crió a sus hijos, donde perdió a su mujer y donde, diariamente, le da de desayunar a una paloma. Le ha puesto de nombre Dorotea y, desde hace un par de meses, no falta ninguna mañana a su cita con las migas de pan que Adolfo le deja en el alféizar de la ventana.

A Adolfo le gusta escuchar el gorjeo de su paloma blanca, ver cómo su buche de ave urbana se le infla de felicidad, o eso cree él, cuando descubre que su desayuno está listo. Cómo la paloma da unas vueltas sobre sí misma antes de lanzarse al comedero. Al otro lado del cristal, Adolfo sonríe y olvida la lágrima que hace tan solo unos minutos caía por su mejilla. Algún día se ha atrevido a sacar su temblorosa mano y acariciar la pequeña cabeza de la paloma. Cuando el pájaro ha terminado de desayunar, alza el vuelo, y Adolfo se retira al salón, donde leerá un libro hasta la hora de salir a dar su paseo.

Pese a la insistencia de sus hijos, Adolfo ha decidido que seguirá viviendo en su casa. No quiere saber nada de residencias. Quiere continuar su vida, aunque sin su esposa sabe que ya nada será lo mismo.

Alicia y Juan, sus hijos, van a verlo siempre que pueden. Alicia es profesora en un colegio a las afueras de la ciudad y Juan trabaja en una oficina de Correos y

Telégrafos a unos veinte minutos de la casa de Adolfo. Ambos hijos han sufrido con la repentina muerte de su madre, pero el que peor lo ha pasado ha sido Adolfo. A partir de ese momento, su carácter ha cambiado. Él siempre fue una persona muy animada, con un gran sentido del humor, afable, pero desde la muerte de su esposa se ha vuelto un ser taciturno, huraño y ha envejecido diez años de golpe. Además, y esto es lo que más preocupa a sus hijos, la tensión arterial de su padre ha comenzado a subir y bajar sin motivo, y los niveles de azúcar se le han disparado. Por eso, ambos hijos creen que estaría más cuidado en una residencia. Pero Adolfo se niega. Así que Alicia y Juan han contratado a una enfermera que va todos los días, por la mañana, sobre las ocho y, tras comprobar su tensión y su nivel de azúcar, le dice si puede irse a dar su paseo o debe quedarse en casa, descansando, hasta que las pastillas le hagan efecto. Lo que no sabe la enfermera es que Adolfo nunca le hace caso y todos los días se da su paseo, sea cual sea su consejo.

—¿Y porque ese aparato lo diga va a ser verdad? ¡Si yo me encuentro de maravilla! — le dice Adolfo cuando la enfermera asegura que su nivel de azúcar está por la nubes.

Cuando Adolfo escucha el timbre de su casa, permanece quieto en el sillón y continúa leyendo su libro. Sabe que a ese "ding-dong" le va a seguir una vuelta de llave en la cerradura y un "buenos días, señor Adolfo" de la voz de Beatriz, la enfermera.

Los hijos de Adolfo le dieron las llaves de la vivienda cuando, una mañana, el anciano no abrió la puerta y tuvieron que llamar a los bomberos para que forzaran la cerradura. Una vez pudieron acceder a la vivienda, encontraron a su padre tendido en el suelo. Inmediatamente llamaron a una ambulancia y en unos minutos un par de médicos, con un aire de premura y emergencia, sacaban de unos maletines un sinfín de artilugios. A Adolfo le había dado una bajada de tensión, de la cual se recuperó tras los cuidados de los médicos de urgencias, que aconsejaron a los hijos que llevaran a su padre al hospital más cercano para hacerle una revisión a fondo. Desde entonces, la enfermera tiene la llave de casa.

Beatriz es una chica joven que acabó su carrera de enfermería hace un año. Tal y como están las cosas en el mercado laboral, se siente muy afortunada de tener unos cuantos pacientes a los que visitar a diario. Pero en el fondo a ella le gustaría salir a trabajar al extranjero.

Beatriz, a veces, siente que más que una enfermera es una portera con ese llavero repleto con las llaves de las casas de sus pacientes y bromea a menudo con ellos diciéndoles, mientras mueve el manojo de llaves, un "no se apure que pese a este fajo de llaves no soy San Pedro, sigue usted aquí, en la tierra, ya habrá tiempo para los cielos". Algunos, los más cascarrabias, le dicen un "estaría mejor allí, soy demasiado viejo y aquí nadie me visita", ante lo que Beatriz hace una mueca de desaprobación y les endosa un "ande, ande, no sea viejo cascarrabias que está usted hecho un chaval".

Siempre que abre la puerta de casa de Adolfo, se le encoge un poco el estómago y mientras ese "buenos días, señor Adolfo" recorre el pasillo de la vivienda, ella mira una por una las habitaciones de la casa empezando por la cocina. Una vez Adolfo le responde el correspondiente "buenos días, Beatriz" ella deja de inspeccionar la vivienda y se dirige sin entretenerse hasta la última puerta del pasillo, donde está el salón.

La noche anterior, Beatriz tan apenas ha dormido media hora. Para sacar un poco más de dinero ha comenzado a acompañar a enfermos en el hospital en el turno de noche. Adolfo le mira a los ojos mientras el aparato de toma de tensión oprime su brazo.

—Deberías irte a dormir —le dice el anciano mientras toca la mano de Beatriz—, se te nota cansada.

Con Beatriz es con la única persona con la que Adolfo es algo más amable. Tal vez sea porque le recuerda a una antigua novia de juventud o porque realmente

Beatriz es un ser que inspira ternura. Sus gestos son delicados, su piel es muy blanca, tiene los ojos claros y su pelo es del color del trigo. Todo esto hace que Beatriz parezca un ángel.

Beatriz le dice que en cuanto acabe su ronda matutina, se irá a casa, a dormir.

—¿Cómo está María? —le pregunta entonces Adolfo.

Suelen hablar de otros pacientes que tiene Beatriz como si fueran conocidos de toda la vida. Adolfo no conoce a la tal María, ni a Rodrigo, ni a Herminio, todos pacientes de Beatriz, pero sabe que María vive a una media hora de su casa y que ha sido operada recientemente de vesícula y que Rodrigo va en una silla de ruedas y requiere una inyección diaria. También sabe que Herminio no anda muy bien de la cabeza.

—Va muy bien, no se preocupe. Ah, por cierto, María me dio ayer unas rosquillas para usted. Son sin azúcar, así que puede comerse una hoy — dice Beatriz mientras saca un paquete envuelto en papel de aluminio.

—Dale las gracias —dice Adolfo, mientras sonríe y piensa que a su paloma Dorotea esas migas le van a saber a gloria.

En el fondo, son como un grupo de amigos que nunca se han visto y cuyo nexo de unión es Beatriz, la mensajera que les pone al corriente de la vida de los demás. Adolfo es especialmente curioso y le gusta saber los pelos y señales de las vidas de esos otros compañeros de vejez.

Tal vez esto se deba a que Adolfo siempre trabajó de cara al público, en un pequeño comercio de telas, donde se confeccionaban camisas a medida y se arreglaban todo tipo de prendas. Acostumbrado a tratar con la gente, a conocer sus problemas, a dar incluso algunos consejos, esa forma de ser la mantenía años después de haber traspasado el negocio a un comerciante de seda.

Resumen capítulo uno

Adolfo es viudo y se siente muy solo. Todos los días alimenta a una paloma que aparece en su ventana. Le gusta observar al animal. Adolfo tiene dos hijos pero vive solo. Una enfermera, Beatriz, va a visitarlo todos los días para controlar su salud. Adolfo antes era muy animado pero desde la muerte de su esposa se ha vuelto muy reservado. La enfermera tiene la llave desde el día que Adolfo perdió el conocimiento y lo encontraron en el suelo de su casa.

Beatriz desea salir a trabajar al extranjero aunque está muy contenta con sus pacientes y les tiene cariño. Beatriz ha dormido poco porque ha comenzado a trabajar cuidando enfermos en el hospital por las noches. Adolfo es amable con Beatriz porque ella es como un ángel y además le recuerda a una novia de juventud.

Beatriz cuenta a sus pacientes cómo están el resto de ancianos aunque no se conocen. María, una de las ancianas que cuida, le ha dado un paquete con unas rosquillas para Adolfo y Beatriz se lo ha entregado a Adolfo.

Chapter one summary

Adolfo is a widower and feels very lonely. Every day, he feeds a dove which appears in his window. He likes to watch the animal. Adolfo has two children but lives alone. A nurse, Beatriz, goes to visit him every day to control his health. Adolfo was very lively before but since the death of his wife he has become very reserved. The nurse has the key from the day Adolfo lost consciousness and found him on the floor of his house.

Beatriz wants to go to work abroad although she is very happy with her patients and loves them. Beatriz has fallen asleep because she has started to work caring for patients at the hospital at night. Adolfo is kind to Beatriz because she is like an angel and also reminds him of a girlfriend of youth.

Beatriz tells her patients how the rest of the elderly are, even though they do not know each other. Maria, one of the old ladies who Beatriz cares, has given her a package with some doughnuts for Adolfo, and Beatriz has given it to Adolfo.

Capítulo dos

Adolfo alisa el papel sobre la mesa de la cocina. Acerca sus ojos hasta la nota, pero no consigue descifrar lo que pone. Necesita sus gafas.

Adolfo ha sacado las dos rosquillas del envoltorio de papel de aluminio que le dio ayer Beatriz, de parte de María. Las ha colocado sobre un plato, algo descascarillado, que ha cogido de la alacena y, mientras calentaba la leche en un cazo pequeño, abría y cerraba varios cajones buscando las gafas. Está nervioso y se confunde constantemente, por eso no recuerda que las gafas están en su sitio: encima del libro que está en el salón.

El anciano retira la leche del fuego cuando ya ha comenzado a hervir y un ligero olor a quemado inunda los fogones. Una capa de nata se queda adherida a las paredes del cazo cuando Adolfo vierte la leche en una taza. Le tiemblan las manos y se caen unas gotas de leche sobre la encimera. Él, sin ninguna delicadeza, empuja la capa de nata con una cucharilla hasta que cae sobre la leche. Añade un poco de café soluble y mira el azucarero un par de veces tentado de echarle un terrón de azúcar a su café. Cuando ha terminado de preparar su desayuno, lo deja sobre la mesa, junto al plato de rosquillas y va hasta el salón en busca de sus gafas.

No puede dejar de pensar en la nota que envolvía las rosquillas. Una vez tiene las gafas, se da prisa por llegar a la cocina. Sus pasos son cortos pero firmes. Está ansioso por leer la nota.

Adolfo aparta la taza y el plato de rosquillas y pone en primer plano la nota que, debajo del papel de aluminio, envolvía las rosquillas de María.

Antes de comenzar su lectura, Adolfo acerca su nariz al papel y aspira el olor a rosquilla que impregna la misiva. Puede distinguir, gracias a su olfato, que debajo de ese olor de repostería hay un olor a perfume de mujer. María, para él, siempre olerá a rosas y a rosquillas. Las gafas aumentan las letras y puede leer el mensaje, pese a que algunas letras están bajo una enorme mancha de aceite.

3 de octubre de 2014

Querido Adolfo:

Mis disculpas por hacerte llegar mis letras de esta extraña manera, pero tan apenas puedo salir de casa, dada mi salud, para comprar sello y sobre. Además, no he querido levantar las sospechas de Beatriz preguntándole tu dirección. Espero que sepas comprender mi actuación y no me taches de loca.

Créeme, si no hubiera tenido un motivo jamás hubiera osado escribirte estas letras. Pero, antes de nada, quiero darte el pésame por el reciente fallecimiento de tu señora esposa. Nuestra querida Beatriz me tiene al corriente de los aconteceres de tu vida. Es ella la que me ha descrito tu aspecto y tu forma de ser. No te enfades con ella, pero una vez insistí mucho para que consiguiera una foto tuya pues tenía la certeza de conocerte de antes. Es así como pude reconocerte y confirmar mis pesquisas: nos conocimos de jóvenes. Eres Adolfo del Pino Ortiz, estudiaste con los curas, en los Marianistas de la calle Santoña.

Te preguntarás a qué viene todo esto. Yo soy María Pérez de Cuadra, estudié en las Carmelitas de la misma calle. ¿Te acuerdas ahora de mí? ¿Te acuerdas, Adolfo, de cuando volvíamos juntos de la escuela?

Luego la vida nos llevó por diferentes caminos. Yo tuve que marcharme a Madrid para terminar mis estudios y nos perdimos de vista. Ahora, a mi vejez, he vuelto a nuestra ciudad natal. Es aquí donde están mis sobrinas y, dada mi salud, donde mejor y más acompañada voy a estar.

Firmado:

María Pérez de Cuadra

Adolfo lee la carta, mientras sorbe su café. Casi se atraganta al leer el apellido de María. Se limpia con la servilleta varias veces, no quiere que sus temblores derramen alguna gota de café sobre la carta. Piensa guardarla como oro en paño. Está realmente impactado con la noticia: María Pérez de Cuadra fue su amor de juventud. Con la noticia, Adolfo ha olvidado por completo a su paloma que gorjea al otro lado del ventanal. Adolfo mira su reloj y coge un trozo de rosquilla. Mientras camina hacia su habitación, logra aplastar la rosquilla hasta casi pulverizarla.

Ahí está Dorotea que se lanza a la mano de Adolfo nada más este abre la ventana. Hoy come de su mano. Hoy Adolfo se siente muy feliz y el ave, de alguna manera, intuye que debe darse prisa en comer su desayuno. Eso o es que realmente la hora de retraso de Adolfo ha hecho mella en el estómago de la paloma que no puede esperar ni un segundo más.

Cuando aún no ha terminado de darle su desayuno, Adolfo oye el "ding, dong" del timbre de su casa. Sacude las migas que aún le quedan sobre el comedero y, tras acariciar brevemente la cabeza de Dorotea, cierra la ventana y se dirige al salón.

Beatriz se encuentra con Adolfo y le extraña verlo ahí, en medio del pasillo, como un náufrago aún en pijama.

En el bolsillo del pijama sobresale la carta, y Adolfo hace un gesto rápido por meter el papel y que no se vea.

—¿Qué le pasa esta mañana, Adolfo? —le pregunta, preocupada, Beatriz.

—¿A mí?, nada, nada, qué me va a pasar —apunta Adolfo poco convencido de lo que dice.

—Pero, ¿qué hace aún en pijama? —dice Beatriz mientras camina hacia la cocina.— ¡Pero si aún no ha terminado el desayuno!

Adolfo sabe que a los ancianos enseguida se les tacha de demencia. Cualquier cambio de rutina supone la sospecha de estar perdiendo la cabeza. Tiene que ser rápido en inventar una excusa o, verdaderamente, Beatriz creerá que está empezando a enfermar de olvidos. De ahí a ser medicado solo media la consulta de un médico y una receta. Y, si eso no funciona, el internamiento.

—Verás Beatriz —dice mientras piensa una excusa— hoy no me encuentro nada bien, me duele el pecho, aquí, mira, justo en medio —, dice mientras se señala la fila de botones.

—¡Pero hombre Adolfo, no tenía usted que haberse levantado de la cama!—dice Beatriz mientras le coge por los hombros y trata de reconducirlo a su habitación.

— Ande túmbese, haga el favor, ahora mismo le voy a auscultar.

Adolfo se da cuenta en ese momento de que lleva la carta en el bolsillo del pijama y que debe desabotonarse la camisa del pijama para que Beatriz pueda auscultarle. Se está empezando a poner muy nervioso. Piensa que si descubre la carta le hará mil preguntas y que ya no podrá sacarle ninguna información de María, no, al menos, desde la inocencia que ahora se le presupone, que pasa por algo parecido al simple interés, al cotilleo. La misma María no quiso levantar las sospechas de Beatriz, por algo será.

El corazón le va a mil por hora de solo pensarlo y Beatriz, que no ha reparado en el papel doblado que está en el bolsillo del pijama, se alarma al escuchar el ritmo del corazón del anciano. Beatriz duda en llamar a una ambulancia. Coge la muñeca del anciano y oprime con su dedo índice mientras cuenta las pulsaciones. Ciento cincuenta. Es mucho.
Beatriz se angustia, teme que pueda pasarle algo a Adolfo. La enfermera corre hasta su maletín para coger una pastilla que colocará debajo de la lengua del

anciano, pero, al abrirlo e inspeccionar su interior, se da cuenta de que las ha dejado en el coche.

—Adolfo, por favor, espere aquí y no se mueva. No voy a tardar ni un minuto en regresar, debo ir al coche a coger algo, por favor, no haga ninguna proeza, no debe levantarse, ¿está claro? —dice Beatriz mientras se aleja hacia el pasillo.

—Tranquila, aquí seguiré, no tengas prisa —le dice aliviado.

Cuando Beatriz se marcha, Adolfo se incorpora y coloca la carta en un cajón de su armario, cierra con llave y vuelve, a la cama, mucho más tranquilo. Su secreto está a salvo.

Beatriz llega en un par de minutos con una caja de pastillas en la mano, está sacando una del envase y le dice a Adolfo que abra la boca y suba la lengua, que le va a colocar la pastilla debajo de la lengua para que haga efecto más rápido.

Adolfo le dice que no cree que haga falta, que se encuentra mucho mejor. Beatriz comprueba sus pulsaciones: han descendido a ochenta. La enfermera no acaba de entenderlo, pero respira aliviada.

— Está bien Adolfo, voy a llamar a su hija Alicia, creo que alguien debería pasar hoy el día con usted, podría volver a repetirse —dice la enfermera mientras saca el móvil de su bolso.

— ¡Oh, no, de verdad, no creo que haga falta! —dice el anciano. Sabe que si alguien viene a hacerle compañía le obligarán a permanecer en la cama, no podrá ir a dar su paseo, le fastidiarán el día.

Aún así Beatriz marca el número de Alicia.

Resumen capítulo dos

Al día siguiente, Adolfo abre el paquete y encuentra rosquillas y una carta de María. Él está impaciente por leer la nota pero no encuentra sus gafas. Las gafas están en el salón, como siempre, y allí las encuentra.

En la carta, María le dice a Adolfo que se conocieron en la juventud. Adolfo, al leer el apellido de María, se da cuenta de que fue un amor de juventud.

Cuando llega Beatriz encuentra a Adolfo aún sin vestirse y sin acabar el desayuno. Adolfo guarda la carta en el bolsillo de su pijama.

Antes de que la enfermera piense nada, Adolfo justifica su aspecto diciéndole que se encuentra mal. Beatriz le dice a él que se vaya a la cama. Adolfo teme que ella encuentre la carta y se pone muy nervioso. Las pulsaciones se le aceleran debido a este temor y Beatriz piensa que le va a pasar algo a él. Ella va al coche a coger una medicina. Adolfo aprovecha ese momento para guardar la carta. Cuando Beatriz regresa, Adolfo se encuentra ya bien. Beatriz llama por teléfono a Alicia, la hija de Adolfo, para contarle lo sucedido.

Chapter two summary

The next day, Adolfo opens the package and finds doughnuts and a letter from Maria. He is impatient to read the note but can not find his glasses. The glasses are in the living room, as usual, and he finds them there.

In the letter, Maria tells Adolfo that they met in their youth. Adolfo when reading the surname of Maria, realizes that she was a love of youth.

When Beatriz arrives, she finds Adolfo still without dressing and without finishing the breakfast. Adolfo keeps the letter in the pocket of his pyjamas.

Before the nurse thinks anything, Adolfo justifies his appearance by telling her that he is feeling sick. Beatriz tells him to go to bed. Adolfo fears that she finds the letter and gets very nervous. The pulsations are accelerated because of this fear and Beatriz thinks that something is going to happen to him. She goes to the car to get a medicine. Adolfo uses this moment to save the letter. When Beatriz returns, Adolfo is already well. Beatriz calls Alicia, Adolfo's daughter, to tell her what happened.

Capítulo tres

La enfermera llega una hora y media tarde a casa de María, que se ha empezado a impacientar y ha sacado sus agujas de tricotar: hacer punto le tranquiliza.

— Perdona, María, me quedé atrapada en un atasco — le dice mientras guarda el manojo de llaves en su bolso.

Beatriz tiene claro que no debe darles al resto de los ancianos malas noticias de los demás, pues la preocupación podría hacerles sufrir e incluso llegar a deprimirse. Por eso siempre trata de quitar importancia a los posibles achaques o recaídas que pudieran tener. A esas edades, uno se mira en el espejo que son los demás ya con la certeza de que los otros son un reflejo propio.

Beatriz llega con la lengua fuera y pide permiso a la anciana para servirse un vaso de agua. Por el nerviosismo y la tardanza de la enfermera, María intuye que ha pasado algo. Sabe que Beatriz acude primero a casa de Adolfo y después a la suya y teme que Adolfo haya tenido una subida de tensión. Además, María se da cuenta de que el tensiómetro no está metido en su funda, como siempre, si no que está en el maletín de Beatriz de cualquier manera, junto a una tableta de pastillas. Con este detalle, María, que siempre ha sido una mujer muy intuitiva, sabe que le ha pasado algo a Adolfo.

—¿Qué tal se encuentra Adolfo esta mañana? ¿Le han gustado las rosquillas? Porque se las diste, ¿verdad, querida?

—¡Le han encantado, doña María! Ni se imagina la cara de felicidad que tenía esta mañana mientras me recordaba que le diera las gracias —dice Beatriz gesticulando más de la cuenta.

Pero a María no se la engaña tan fácilmente, y es precisamente esa exagerada manera de contar las cosas lo que le hace seguir alerta.

María decide hacer como si nada, seguir hablando con naturalidad de otras cosas, y esperar paciente a cualquier indicio que le pueda revelar qué ha sucedido en casa de Adolfo. El indicio se presenta como una llamada telefónica. Es Alicia, la hija de Adolfo. Aunque la enfermera intenta salir de la sala donde está junto a María, esta tiene muy buen oído y acierta a oír cómo le pregunta por el estado de Adolfo.

María se siente culpable. A veces no es buena idea irrumpir en la vida de los demás después de setenta y siete años. A veces es mejor no desenterrar los recuerdos. Quién sabe cómo ha podido sentirse Adolfo al saber de ella. Seguramente, piensa, es la carta que le escribió lo que le ha causado una subida de tensión.

María se queda muy seria y su mirada se pierde en la pared. Hay algunas fotos enmarcadas. Son fotos de Madrid donde aparecen varios lugares de la capital. Una panorámica de la Gran Vía, la Puerta del Sol, la antigua estación de tren no son capaces de retener la atención de María que, en realidad, está ahora mismo recordando un viernes de junio, de hace muchos, muchos años, cuando ella y Adolfo se despidieron.

Sus vidas, a partir de ese momento, se iban a separar. Nada, en ese día de adioses, les hacía intuir que sabrían el uno del otro ya de ancianos, a través de la enfermera que les cuidaría a ambos. El destino, a veces, es muy caprichoso.

Aquel día de junio, tan solo supieron entrelazar sus jóvenes manos y darse un beso en los labios. Sellaban así un noviazgo que se había visto envuelto en una serie de complicaciones desde que ambas familias se enteraron. Tanto la familia Pérez de la Cuadra, como la familia del Pino Ortiz se negaron a tal idilio, pues las rencillas entre ellas habían sobrevivido varias generaciones, desde que un bisabuelo de la familia Pérez de la Cuadra se enfrentara en duelo con un miembro de la familia del Pino Ortiz.

Ese viernes llovía y el agua caía por la frente de los jóvenes enamorados disimulando sus lágrimas. Adolfo debía dejar los estudios y regentar el negocio de telas de su padre, un local de barrio con una clientela fija que, más o menos, les daba para ir tirando e incluso darse algún capricho de vez en cuando. Por su parte, María se debía marchar a Madrid a estudiar puericultura. En esos tiempos no era frecuente que las mujeres pudieran acceder a estudios superiores, pero los padres de María llevándosela a la capital, mataban dos pájaros de un tiro: por un lado le daban una educación a su primogénita y por otro la alejaban de la familia del Pino Ortiz.

Aunque María trató de comunicarse con Adolfo varias veces, y aunque consiguió armarse de valor para enviar alguna misiva y quedarse con el corazón en un puño a la espera de noticias, esas cartas fueron confiscadas y quemadas por el padre de Adolfo. El joven, que veía pasar los meses y no tener noticias de su amada, pensó que la vida cosmopolita de la capital había nublado el entendimiento de la joven, haciendo de ella una chica moderna, que ya no tenía tiempo para recordarle. Adolfo se convenció de eso y se centró en las obligaciones que el nuevo negocio le exigían: todo era nuevo para él y debía aprender rápido.

La anciana sale de sus recuerdos cuando Beatriz le trae un vaso de agua con la medicación.

María vuelve a ver las fotos de la pared. Madrid sabe lo mucho que echó de menos a Adolfo. Al tragar el agua, María hace un gesto con la cabeza para ayudarse a tragar mejor la pastilla y quien sabe si la realidad también. Carraspea un par de veces y, por fin, se atreve a preguntarle a Beatriz, de manera directa, por lo acontecido en casa de Adolfo.

—A mí no puedes ocultarme nada, querida, ya sabía yo, nada más entraste por la puerta que había pasado algo —dice María tras escuchar de la boca de Beatriz que Adolfo no se encontraba bien esa mañana.

—No ha sido nada, un día de esos tontos que uno se levanta un poco desganado, no se vaya a preocupar usted —dice Beatriz que ha evitado entrar en detalles para no preocupar a María. Sabía, eso sí, que la anciana no es de las personas que se dan por vencidas, y que era mejor contarle algo, aunque no todo, que dejarla con la duda.

Beatriz trata de tranquilizar a María, le coge las manos y le da un beso. Las dos mujeres se despiden hasta el día siguiente.

Resumen capítulo tres

La enfermera llega tarde a casa de María. Beatriz le dice a ella que su retraso se debe a un atasco. María, que es una mujer muy inteligente, no se lo cree.

María le pregunta a Beatriz si le ha dado el paquete a Adolfo y la enfermera dice que sí. María sigue sospechando y confirma sus sospechas cuando la enfermera recibe una llamada de la hija de Adolfo. Entonces sabe que realmente le ha sucedido algo.

La anciana se sumerge en sus recuerdos de juventud. Ella rememora el día que Adolfo y ella se despidieron, sus familias no querían esa relación porque estaban enfrentadas por otros asuntos. Los padres de ella la enviaron a Madrid a estudiar y Adolfo ocupó el puesto en la tienda de su padre.
María trató de comunicarse con Adolfo por carta, pero el padre de Adolfo las rompía. Como Adolfo no tenía noticias de María, él pensó que ella le había olvidado.

Cuando deja de recordar el pasado, le pregunta directamente a Beatriz qué le ha pasado a Adolfo. Beatriz la tranquiliza, le coge las manos y se despiden hasta el día siguiente.

Chapter three summary

The nurse is late to María's house. Beatriz tells her that her delay is due to a traffic jam. Maria, who is a very intelligent woman, does not believe it.

Maria asks Beatriz if she has given the package to Adolfo and the nurse says yes. Maria continues to suspect and confirm her suspicions when the nurse receives a call from Adolfo's daughter. Then she knows that something has really happened to him.

The old woman immerses herself in her youthful memories. She recalls the day Adolfo and she said goodbye, their families did not want that relationship because they were faced with other issues. Her parents sent her to Madrid to study and Adolfo took the place in his father's shop.
Maria tried to communicate with Adolfo by letter, but Adolfo's father broke them. Since Adolfo had no news of Maria, he thought she had forgotten him.

When she stops remembering the past, she asks Beatriz directly what has happened to Adolfo. Beatriz reassures her, takes her hands and says goodbye until the next day.

Capítulo cuatro

Hace mucho tiempo que Adolfo no escribe y le cuesta encontrar un bolígrafo y un papel. Ha tenido que buscar en la carpeta donde guardó el material de la tienda una vez la traspasó. La carpeta, algo descolorida por el paso de los años, se encuentra repleta de albaranes, de papeles con encargos que nadie fue a recoger y de recibos. Por un momento duda de si ahí encontrará papel o deberá bajar a la papelería a comprar unos folios. Cuando por fin encuentra unas cuantas cuartillas, se sienta en la mesa camilla del salón y se dispone a escribir. Lo que aún no sabe es cómo le hará llegar la carta a María, él no cocina rosquillas ni nada por el estilo, pero eso no le preocupa.

"*Querida María*" escribe con letra temblorosa.

Adolfo se queda pensando. Le podría decir muchas cosas, entre las que va a evitar nombrar su amor de juventud: ella tampoco lo nombra y teme incomodarla.

"*Querida María:*

Es una alegría saber de ti después de tantos años. Claro que recuerdo cuando volvíamos juntos de la escuela."

Adolfo recuerda muchas más cosas de esos paseos, recuerda cada detalle de cada día. Además tiene una cicatriz en la frente de cuando un primo de María, aleccionado por su tío, le dio una paliza por ir con ella por la calle.

—Apréndete la lección —le chilló el primo de esta—, a María ni la mires, en mi familia no os queremos—, le dijo el energúmeno.

Aquel chaval lo tuvo atormentado durante todo un curso escolar, pero no pudo con el amor que los jóvenes se tenían. Encontraron otras formas de estar juntos, aunque mucho más arriesgadas. Una de esas formas era verse por la noche, una vez todos estaban dormidos. Si les hubieran pillado habría sido un escándalo.

"Querida María:

Es una alegría saber de ti después de tantos años. Claro que recuerdo cuando volvíamos juntos de la escuela. ¡Qué tiempos aquellos!
Sé por Beatriz que estás recién operada de la vesícula y que tan apenas sales de casa, que son tus sobrinas las que están pendientes de ti."

Adolfo duda un momento antes de seguir escribiendo. Le gustaría pedirle permiso para ir a visitarla pero para eso necesita tener la dirección exacta. Tal vez sea demasiado directo y ella se sienta intimidada. Finalmente se lanza a escribirlo, ya no tiene edad de andarse con miramientos.

"Querida María:

Es una alegría saber de ti después de tantos años. Claro que recuerdo cuando volvíamos juntos de la escuela. ¡Qué tiempos aquellos!
Sé por Beatriz que estás recién operada de la vesícula y que tan apenas sales de casa, que son tus sobrinas las que están pendientes de ti.
Me gustaría que pudiéramos vernos un día de estos, yo puedo ir hasta tu casa pero desconozco la dirección exacta, así que tal vez podrías enviarla junto con otras rosquillas a través de Beatriz.
Quedo a la espera de noticias tuyas.

Firmado:
Adolfo del Pino Ortiz"

El anciano alza la carta y la lee en voz alta, corrige un punto y coloca una coma. Por lo demás está perfecta, se dice. La dobla y se dirige a su habitación, es muy tarde. El reloj de cuco marca la una en punto. Adolfo lo oye cuando ya está deshaciendo la cama para meterse dentro. Ha colocado bien alineadas sus zapatillas de cuadros y ha puesto el despertador una hora antes de cuando suele despertarse: mañana tiene que hacer muchas cosas. No hay tiempo que perder. Además no quiere descuidar a Dorotea, su paloma. La pobre lleva unos días triste, piensa Adolfo.

Resumen capítulo cuatro

Adolfo contesta a la carta de María. No sabe cómo se la dará. Tiene dudas sobre lo que debe escribir, no quiere nombrar su amor de juventud porque ella tampoco lo ha hecho. Conforme le escribe recuerda detalles del pasado, como la cicatriz que tiene en la frente a causa de una paliza que le dio un primo de María.

Adolfo le dice que le gustaría verla pero que no sabe la dirección. Le propone que le puede enviar la dirección en una nota, junto a más rosquillas.

Termina de escribir la carta muy tarde. Pone el despertador una hora antes. Adolfo siente que tiene muchas cosas que hacer y no quiere perder tiempo ni descuidar a la paloma.

Chapter four summary

Adolfo answers the letter of María. He does not know how he will give it to her. He has doubts about what he should write, he does not want to name their love of youth because she has not. As he writes, he remembers details of the past, like the scar on his forehead because of a beating that gave him a cousin of María.

Adolfo tells her that he would like to see her but does not know the address. He suggests that she can send him the address on a note, along with more doughnuts.

He finishes writing the letter very late. He sets the alarm one hour early. Adolfo feels that he has many things to do and does not want to waste time nor neglect the dove.

Capítulo cinco

Beatriz ha recibido una oferta de trabajo de Londres y está muy contenta. Le han pedido que se incorpore en una semana y está muy excitada con los preparativos. Sabe que es una gran oportunidad para comenzar una carrera en el extranjero y mejorar su inglés. Varias compañeras suyas de la universidad le han animado al cambio, aunque a Beatriz le va a dar pena despedirse de sus ancianos, y sabe que ellos le echarán mucho de menos. Lo que Beatriz no sabe es que tanto Adolfo como María le necesitan no solo como enfermera, también como mensajera.

—Sí, Adolfo, sí, ya le he dicho que mañana es mi último día, que debo comenzar con los trámites y que eso me llevará mucho tiempo, pero no se apure, Adolfo, yo llevaré hoy ese libro para María si tanto empeño tiene en ello —dice Beatriz un poco agobiada por el anciano que no para de decirle que no se marche aún, que qué van a hacer sin ella.

Parece ser que los hijos de Adolfo estaban al corriente de la partida de Beatriz, pero no le habían dicho nada. Pensaban decírselo el día que las pulsaciones le subieron tanto, pero decidieron no darle la noticia hasta que no estuviera recuperado.

El hijo de Adolfo ha contratado a otra enfermera que es la persona que sigue a Beatriz por toda la casa copiando cualquier comentario que la veterana enfermera le dice. Mañana estará sola al cuidado de Adolfo y no quiere que nada se le pase por alto. Se llama Marcela y es de Perú, lleva diez años en España y terminó enfermería hace dos, es una chica muy amable pero Adolfo no la quiere ni ver.

—A mí solo me toma la tensión Beatriz —le ha dicho mientras se quitaba el tensiómetro del brazo.

—Pero, qué es esto don Adolfo, qué chiquillería la suya, ande, ande, no complique más las cosas —le reprende Beatriz que no imaginaba que Adolfo se iba a tomar tan mal la noticia de su partida a Londres.

Y aún me quedan tres casas más, piensa Beatriz, agobiada. No quiere ni imaginarse cómo se va a poner el pobre Herminio, con lo que le cuesta acostumbrarse a los cambios. Además debe aleccionar a tres enfermeras más pues, al final, cada familia ha optado por contratar diferentes profesionales. Beatriz no ha podido organizarlo mejor. Había hablado con una compañera suya que le iba a suplir en todas las casas pero finalmente no ha podido ser.

Cuando Beatriz llega a casa de María lo primero que le da es el libro. María, entusiasmada con la carta que el libro guarda entre sus páginas, casi no hace caso de las explicaciones que Beatriz le da sobre su nueva partida.

Además la noticia no le pilla de nuevas, pues las sobrinas de María se lo habían dicho hacía un par días, en cuanto lo supieron. Fue precisamente esto lo que impulsó a la anciana a contactar con Adolfo de una manera temprana.

La nueva enfermera de María llega tarde a su primer día de trabajo. A la anciana, que en otras condiciones le hubiera sentado muy mal, no parece importarle mucho. Está inmersa en la lectura del libro y Beatriz no tiene tiempo para reprimendas.

Cuando se despiden, María le hace prometer que, cada vez que venga a España, le hará una visita.

Resumen capítulo cinco

Beatriz ha recibido una oferta de trabajo de Londres. Le han pedido que se incorpore en una semana. Adolfo y María la necesitan como mensajera.

Beatriz le dice a Adolfo que se va a marchar a trabajar a Londres y él no se lo toma a bien.

El hijo de Adolfo ha contratado a otra enfermera. Se llama Marcela y es de Perú. Adolfo ha metido la carta dentro de un libro. Él le pide a Beatriz que se lo dé a María.

Beatriz sabe que la mañana va a ser difícil: aún le queda enseñar a tres enfermeras más. Cada familia ha optado por contratar diferentes profesionales. Beatriz no ha podido organizarlo mejor.

Beatriz llega a casa de María y le da el libro. María, entusiasmada con la carta, no presta mucha atención a las explicaciones que Beatriz le da sobre su nueva partida. Además ya lo sabía, eso le impulsó a contactar pronto con Adolfo.

María hace prometer a Beatriz que, cada vez que venga a España, le hará una visita.

Chapter five summary

Beatriz has received a job offer from London. They's been asked to join in a week. Adolfo and Maria need her as a messenger.

Beatriz tells Adolfo that she is going to work in London and he does not take it well.

Adolfo's son has hired another nurse. Her name is Marcela and she is from Peru.

Adolfo has put the letter inside a book. He asks Beatriz to give it to Maria.

Beatriz knows that the morning is going to be difficult: she still has to teach three more nurses. Each family has chosen to hire different professionals. Beatriz has not been able to organise it better.

Beatriz arrives at Maria's house and gives her the book. Maria, enthusiastic about the letter, does not pay much attention to the explanations that Beatriz gives her about her new leaving. Besides, she already knew, that prompted her to contact Adolfo soon.

Maria promises to Beatriz that, every time she comes to Spain, she will pay her a visit.

Capítulo seis

Antes, cuando la guerra, el cielo de las ciudades que estaban en peligro de ser bombardeadas se llenaba de palomas mensajeras. Algunas chocaban y quién sabe si intercambiaban sus mensajes o sus trayectorias. Eso piensa Adolfo esta mañana, mientras acaricia la cabeza de Dorotea. Está seguro de que algún pariente lejano de esa paloma fue correo de guerra y que Dorotea aún guarda en su memoria familiar el eco de alguna bomba. Se plantea si sería muy difícil adiestrarla para que hiciera de mensajera entre él y María. La paloma le mira, inquieta, con sus minúsculos ojos que parecen dos gotas de sangre. Ahora que Beatriz les ha dejado, se han quedado sin manera de comunicarse. Otra vez las complicaciones vuelven a anidar entre ellos.

Adolfo solo necesita saber la dirección de María. Sería capaz de ir a su casa, quién sabe sin con un ramo de flores para poder verla otra vez. Se mira en el espejo del cuarto de baño mientras peina su pelo blanco. El baño huele a la colonia que Adolfo utiliza solo los domingos y en ocasiones especiales. Por un momento, teme que su aspecto estropee los recuerdos de juventud de María. Ya no es el joven alto, de pelo negro y complexión fuerte.

Cuando la nueva enfermera llega, Adolfo está listo para marcharse. Marcela, la chica peruana que ayer seguía a Beatriz por toda la casa, lo mira extrañada y saca su cuaderno. Allí ha apuntado todos los quehaceres, por orden. Lo primero que debe hacer, según las notas que tomó ayer, es levantar a Adolfo de la butaca del salón y dejarlo en el baño para que se asee. Después, comprobar que ha desayunado. Sacarlo del baño y ayudarle a vestirse.

Aquel hombre que espera con la camisa remangada, en medio del pasillo, a que Marcela le tome la tensión para poder irse, no debe ser el mismo que necesita que le lleven al lavabo y le levanten de la butaca.

Marcela esperaba encontrar un anciano desanimado y cabizbajo al que le cuesta un esfuerzo todo y, por el contrario, tiene frente a ella un hombre arreglado y perfumado, que desprende ilusión y ganas de vivir.

—Dese prisa en tomarme la tensión que tengo muchas cosas que hacer esta mañana —le dice Adolfo sin ni tan siquiera decirle un "buenos días".

—Sí, señor Adolfo, descuide, enseguida voy, haga el favor de sentarse —le dice Marcela algo consternada.

Marcela es una chica insegura, a la que le tiemblan las manos y se equivoca al colocar el manguito de la toma de tensión.

—Discúlpeme, señor Adolfo —le dice mientras trata de solucionar su torpeza.

Adolfo la mira y piensa si esa chica podría ayudarle a encontrar la dirección de María. No tiene nada que perder, así que se lanza con una pregunta, intentando ser todo lo amable que no ha sido en años.

—Marcela, no te preocupes, tómate tu tiempo, tranquila —le dice con voz suave.

Este cambio de actitud pone a la joven enfermera de buen humor y comienza a tararear una canción. Con el paso de los días, será normal ver a Marcela cantar mientras hace su trabajo.

—Por cierto, Beatriz me dijo ayer que usted llevaría esto a una tal María, la paciente a la que Beatriz visitaba después de acabar aquí —miente Adolfo mientras saca del cajón una libreta cualquiera.

—¿Yo? —dice la joven enfermera mientras mira su cuaderno— Aquí no lo tengo apuntado.

—¿Cómo es posible? —apunta Adolfo fingiendo extrañeza— ¿No le dejó ninguna dirección? ¿No debe usted acudir a casa de la tal María?

—Pues verá, finalmente, tal y como me comentó Beatriz, cada paciente ha optado por contratar a diferentes profesionales.

—Vaya —dice Adolfo mientras se pasa la mano por la frente—. ¿Pero está usted segura de que no tiene la dirección? Solo será un momento, lo entrega y se va. Nada más.

Marcela mira su cuaderno buscando la dirección. A su lado, Adolfo agudiza la vista.

Marcela señala con el dedo un nombre.

—¿María Pérez de Cuadra? — dice la joven— ¿Será esta?

—Puede ser, aunque no estoy muy seguro —miente de nuevo Adolfo haciéndose el desinteresado.

—Me dio la dirección ayer, tenía usted razón, señor Adolfo, me dijo que si la enfermera que las sobrinas de María habían contratado fallaba, estaría bien tener su contacto para poder ofrecerme —dice Marcela en un arranque de memoria.

—Paseo de la Lonja, número cuatro, segundo derecha —lee Adolfo mientras trata de memorizalo.

Resumen capítulo seis

Adolfo piensa si podría adiestrar a su paloma como mensajera. Ahora que Beatriz les ha dejado, se han quedado sin manera de comunicarse. Otra vez las complicaciones vuelven a anidar entre ellos.

Adolfo solo necesita saber la dirección de María. Sería capaz de ir a su casa.

Cuando la nueva enfermera llega a la casa, Adolfo está listo para marcharse. Marcela se extraña pues tiene apuntado que debe ayudarlo a vertirse, entre otras cosas, pero es obvio que no necesita ayuda.

Adolfo le dice que se de prisa en tomarle la tensión porque tiene muchas cosas que hacer. Adolfo piensa si Marcela podría ayudarle a saber la dirección de María. Adolfo la convence para mirar el cuaderno de Marcela y la encuentran. Adolfo la memoriza. Ya tiene la dirección de María.

Chapter six summary

Adolf thinks if he could train his dove as a messenger. Now that Beatriz has left them, they have no way of communicating. Again complications nest again between them.

Adolfo just needs to know Maria's address. He would be able to go home.

When the new nurse arrives at the house, Adolfo is ready to leave. Marcela is strange because it has pointed out that she should help him to get dressed, among other things, but obviously, he does not need help.

Adolfo tells her to hurry to take the tension because he has many things to do. Adolfo thinks if Marcela could help him know Maria's address. Adolfo convinces her to look at Marcela's notebook and find the adress. Adolfo memorises it. He already has Maria's address.

Capítulo siete

El Paseo de la Lonja se encuentra a tres paradas de autobús y Adolfo, que hace mucho tiempo que no coge el autobús, se siente un poco mareado. Le ha dado al conductor un montón de monedas de cinco céntimos hasta completar el euro y veinte que cuesta el billete. Esto ha puesto de mal humor a varios pasajeros que, detrás de Adolfo, resoplaban por el retraso. Una vez contados los céntimos, Adolfo, con sus pasos cortos y su bastón colgando del brazo, se ha guardado el monedero en el bolsillo del pantalón y ha buscado asiento.

Un joven le ha cedido su sitio y el anciano ha apoyado su bastón en la pared del urbano mientras ha sacado un pañuelo blanco para secar el sudor de su frente.

Una vez en su destino, Adolfo mira los edificios, de aspecto señorial, que hay a ambos lados del Paseo de la Lonja. A la derecha, un edificio preside el paseo dándole nombre. La Lonja es un edificio grande con ventanales de colores, donde una centena de puestos venden especias, jabones, encurtidos, legumbres, carnes y pescados.

A estas horas hay mucha gente entrando y saliendo del mercado, con sus carros o sus bolsas. En la entrada, una mujer con un pañuelo en la cabeza vende flores. Es un puesto improvisado que consiste en una silla plegable de plástico y varios cubos con agua, de los cuales salen claveles rojos y rosas. La mujer del pañuelo en la cabeza se esmera en cortar las puntas de los tallos con una tijera y de añadir agua a los cubos con una pequeña jarra.

Adolfo se acerca y, sacando su monedero del bolsillo, le pide una docena de claveles rosas.

No se da cuenta pero ha dejado olvidado el bastón en el puesto de flores: parece que ya no le hace mucha falta. Camina jovial hasta el número cuatro y, una vez lo encuentra, mira su reflejo en el cristal de la puerta. Se repeina con la mano y se coloca bien la camisa. Acerca su dedo arrugado al timbre y presiona el botón del segundo derecha.

María oye el timbre y se molesta. Está cansada de que todos los repartidores de propaganda siempre llamen a su timbre. A regañadientes, deja el libro sobre la mesa y se mete la carta de Adolfo en un bolsillo de la bata de estar en casa.

Cuando pregunta *¿quién es?* Adolfo no se atreve a contestar y mueve varias veces la boca, de la que no logra salir ni una palabra.

—¡¿Quién es?! —repite María bastante molesta de lo que ella cree es la broma de unos chavales.

—Adolfo del Pino Ortiz —dice el anciano mientras le tiembla todo.

Resumen capítulo siete

Adolfo va en el autobús a casa de María. Hace mucho que no viajaba en autobús y se marea un poco. Un joven le cede el asiento. Cuando llega a la parada, se baja y compra un ramo de claveles. Adolfo olvida su bastón en el puesto de venta de flores. Adolfo camina animado hacia casa de María. Llama al timbre del portero automático.

María oye el timbre y se molesta. Está cansada de que todos los repartidores de propaganda siempre llamen a su timbre.

Cuando pregunta "*¿quién es?*", Adolfo no se atreve a contestar. Por fin logra decir su nombre.

Chapter seven summary

Adolfo goes by bus to Maria's house. Adolfo has been a long time since he does not travel by bus and he gets seasick. A young man gives him the seat. When he arrives at the stop, he gets off and buys a bouquet of carnations. Adolfo forgets his stick at the flower stall. Adolfo walks excitedly towards Maria's house. He calls the doorbell.

Maria hears the bell and gets annoyed. She is tired of all the propaganda agents always ringing her bell.

When she asks, "*who is this?",* Adolf does not dare to answer. He finally succeeds in saying his name.

Capítulo ocho

María se queda un rato con el telefonillo en la mano, sin saber qué decir. Ella tenía sus propios planes para llegar hasta Adolfo. Siempre ha sido una mujer muy decidida y nada se le ha puesto por delante, pero ahora le cuesta articular palabra. Sonríe. Le parece un bonito detalle que Adolfo haya tomado la delantera, eso demuestra su interés en volver a verla.

—Adolfo del Pino Ortiz —repite el anciano que, por un momento, teme haberse confundido.

Pero María sigue sujetando el auricular del portero automático, con una sonrisa en los labios.

—Pregunto por María Pérez de Cuadra —dice Adolfo acercándose todo lo que puede al aparato.

Cuando está a punto de darse por vencido, pues no obtiene respuesta, una voz, algo abrumada aunque feliz, se escucha desde el piso segundo derecha.

—Sí, sí, es aquí, sube por favor —le dice María mientras piensa si no habrá sido muy lanzada invitándolo a subir. Este pensamiento le hace un poco de gracia, ya no son unos chavales que deban esconderse de sus familias. Aún así, siente cierto pudor por si sus sobrinas llegan a enterarse.

María mira el reloj. Son las doce del medio día y las campanas de la catedral empiezan a sonar. Tras la última campanada, se oye la puerta del ascensor y María sabe que es inminente: Adolfo está a tan solo unos metros de distancia. Después de tantos años, no quiere esperar más y abre la puerta.

Adolfo lleva las flores en la mano. La mujer del pañuelo colocó un periódico alrededor de los tallos para que el anciano no se mojara las manos. A cada paso de Adolfo, los claveles asienten como doce cabezas.

Adolfo y María se funden en un abrazo.

Tienen muchas cosas que contarse y tan apenas saben por dónde empezar. Sus manos permanecen unidas y se miran en silencio las arrugas que el tiempo ha dejado en los rostros de ambos. En un acto reflejo, María toca la cicatriz que Adolfo tiene en la frente, a causa de la paliza que le dio su primo.

—Nada ha podido con nosotros, mi querida María —le dice Adolfo mientras deposita un tímido beso en la mejilla de ella.

En algún lugar de la ciudad, una paloma espera su desayuno. Pronto serán dos las personas que abran la misma ventana.

FIN

Resumen capítulo ocho

Adolfo ha llamado al timbre de la casa de María. María no sabe qué decir cuando oye a Adolfo. Ella sonríe. Le parece un bonito detalle que Adolfo haya tomado la delantera, eso demuestra su interés en volver a verla.

Adolfo dice su nombre y como no le contesta nadie teme haberse confundido. Cuando él ya se iba a ir, María le responde y le dice que suba.

Adolfo le da las flores y ambos se abrazan. Ellos permanecen cogidos de la mano, tienen muchas cosas que contarse y no saben por dónde empezar. Ella pasa su mano por la cicatriz de la frente de él.

Adolfo le dice que nada ha podido con ellos.

En algún lugar de la ciudad, una paloma espera su desayuno. Pronto serán dos las personas que abran la misma ventana.

Chapter eight summary

Adolfo has rung the bell of Maria's house. Maria does not know what to say when she hears Adolfo. She smiles. It seems a nice gesture that Adolfo has taken the lead, it shows his interest in seeing her again.

Adolfo says his name and as no one answers, he thinks that he has been mistaken. When he was leaving, Maria answered him and told him to go upstairs.

Adolfo gives her the flowers and both hug each other. They remain hand in hand, have many things to tell and do not know where to start. She runs her hand over the scar on his forehead.

Adolfo tells her that nothing has been able to end them.

Somewhere in the city, a dove awaits her breakfast. Soon two people will open the same window.

Material extra

VOCABULARIO

A

Abrir: to open.
Abrumado/a: exhausted.
Acariciar: to caress.
Acceder: to access.
Aceite: oil.
Acercar: to bring near.
Achaque: ailment.
Acompañado/a: accompanied.
Aconsejar: to advise.
Acontecer: to happen.
Acostumbrado/a: usual.
Actuación: intervention.
Acudir: to go.
Adherido/a: fixed.
A diario: daily.
Adiestrar: to train.
Afable: affable.
Afortunado/a: lucky.
Agobiado/a: overwhelmed.
Agua: water.
Alacena: cupboard.
Alarmarse: to become startled.
Albarán: delivery note.
Aleccionar: to instruct.
Alerta: alert.
Alféizar: windowsill.
Alineado/a: aligned.
Alisar: to flatten.
Aliviado/a: to alleviate, to relieve.

Alzar: to erect.
Amable: polite.
Anciano: ancient.
Angustiarse: to become anxious, to become distressed.
Anidar: to nest.
Animado/a: animated.
Ansioso/a: anxious.
Antigua: old.
Apartar: to set aside.
Aplastar: to smash.
Apoyado/a: supported
Apurar: to rush, hurry.
Armarse de valor: to take courage.
Arreglado/a: well-dressed.
Arriesgado/a: dangerous, risky.
Arrugado/a: wrinkled.
Articular: to articulate.
Artilugio: gadget.
Asegurar: to guarantee.
Asiento: seat.
Aspecto: looks.
Aspirar: to inhale.
Atasco: traffic jam.
Atormentado/a: torment.
Atragantar: to choke.
Atrapado/a: captured.
Atrevido/a: daring, adventurous, bold.
Aumentar: to increase.
Auricular: earphone.
Auscultar: to auscultate.
Azúcar: sugar.
Azucarero: sugar bowl.

B

Barrio: neighbourhood.
Barrote: thick bar.
Bastón: walking stick.
Bisabuelo/a: great-grandfather/ great-grandmother.
Bolsa: bag.
Bolsillo: pocket.
Bolso: handbag.
Bomba: bomb.
Bombardeado
Bomberos: firefighter.
Botón: button.
Brevemente: briefly.
Bromear: to joke.
Buche: crop.

C

Cabizbajo: crestfallen.
Cajón: drawer.
Campana: bell.
Capa: sheet, layer.
Capital: capital.
Caprichoso/a: capricious.
Carácter: character, personality, nature.
Carne: meat.
Carpeta: folder.
Carraspear: to clear your throat.
Carro: trolley.
Cascarrabias: quick-tempered person.
Catedral: cathedral.
Cazo: saucepan.

Ceder: to grant.
Centena: hundred.
Céntimo: cent.
Cerradura: lock.
Certeza: certainty.
Chaval: kid.
Chillar: to shout.
Chiquillería: kids.
Chocar: to crast.
Cicatriz: scar.
Cielo: sky, heaven.
Cita: appointment.
Clavel: carnation.
Clientela: clientele.
Colgado/a: hanging.
Colocar: to put.
Colonia: perfume.
Coma: comma.
Comedero: trough.
Comentario: commentary.
Comercio: commerce.
Complicar: to complicate.
Confeccionar: to prepare.
Confirmar: to confirm.
Confiscado/a: confiscated.
Confundir: to confuse.
Consejo: advice.
Consternado/a: consternated.
Contactar: to make contact with.
Contado: counted.
Contratado/a: employed.
Contratar: to employ.
Convencido: convinced.

Copiar: to copy.
Correspondiente: belonging to.
Cosmopolita: cosmopolitan.
Cotilleo: rumours.
Criar: to rear.
Cuartilla: sheet.
Cubo: bucket.
Cucharilla: teaspoon.
Culpable: responsible.
Cura: priest.
Curioso: curious.

D

Decidido/a: resolute.
Dejar: to leave, to lend, to allow.
Delicadeza: fineness.
Deprimirse: to become depressed.
Derramar: to spill.
Desabotonarse: to unbutton.
Desanimado/a: discouraged.
Desaprobación: disapproval.
Desayunar: to have breakfast.
Descascarillado/a: shelling.
Descifrar: to decode.
Descolorido/a: pale, pallid.
Descrito/a: described.
Descubrir: to discover.
Desenterrar: to unearth.
Desganado/a: apathetic.
Desinteresado/a: unselfish.
Diariamente: daily.
Dirigirse: to go, to set out.

Disculpa: excuse.
Disimular: to dissimulate.
Disparado: shot up.
Distinguir: to distinguish.
Doblar: to fold.
Duelo: duel.
Dueño/a: owner.

E

Eco: echo.
Empujar: to push.
Enamorado/a: in love.
Encargo: order.
Encimera: countertop.
Encoger: to shrink.
Encurtido: to pickle.
Endosar: to lumber (somebody) with (something).
Energúmeno: crazy person.
Enfadar: to irritate.
Enfrentar: to confront.
Engañar: to trick.
Enmarcada: framed.
Entendimiento: understanding.
Entrelazar: to interlace.
Entretenerse: to become entertained.
Entusiasmado/a: excited.
Envejecer: to age.
Envuelto/a: covered.
Escándalo: scandal.
Escenario: scene.
Escuchar: to listen.
Esmerar: to take great pains.

Especia: spice.
Espejo: mirror.
Esposa: wife.
Estar al corriente: to be informed.
Estómago: stomach.
Estropear: to damage.
Estudiante: student.
Exagerado/a: excessive.
Excitado/a: excited.
Excusa: pretext.
Exigir: to demand.
Extraño/a: strange.
Extrañeza: surprise.

F

Fajo: wad.
Fallecimiento: death.
Fardo: bundle.
Fastidiar: to annoy.
Felicidad: happiness.
Fingir: to fake.
Firmado/a: signed.
Firme: stable.
Fogón: stove.
Folio: sheet.
Forzar: to force.
Frente: forehead.
Frutería: greengrocer.
Funda: cover.
Fundirse en un abrazo: to merge into a hug.

G

Gesticular: to gesticulate.
Gesto: expression.
Gorjeo: twittering.
Gota: drop.
Grupo: group.
Guerra: war.

H

Habitación: room.
Hacer caso: to pay attention to.
Hacer efecto: to take effect.
Hervir: to boil.
Hijo: son.
Hombro: shoulder.
Huraño: shy.

I

Idilio: idyll, romance.
Impacientarse: to lose patience.
Impactado/a: affected.
Impregnar: to impregnate, to coat.
Improvisado/a: improvised.
Impulsar: to propel, to motivate, to inspire.
Incomodar: to disturb.
Incorporar: to add.
Indicio: clue.
Inesperado/a: unexpected.
Inflar: to inflate.

Inmediatamente: as soon as.
Inmerso/a: absorved.
Inminente: imminent.
Inquieto/a: uneasy.
Inseguro/a: unsure.
Insistencia: perseverance.
Insistir: to persevere.
Inspeccionar: to examine.
Inspirar: to inhale.
Intercambiar: to exchange.
Internamiento: involuntary commitment.
Intimidado/a: intimidated.
Intuir: to intuit.
Intuitivo/a: intuitive.
Inundar: to flood.
Irrumpir: to burst in.

J

Jabón: soap.
Jarra: jar.
Jaula: cage.
Juventud: youth.

K

—

L

Lágrima: drop, tear.
Lanzado/a: impetuous.
Lanzarse: to leap.
Lectura: reading.

Legumbre: legume.
Lengua: tongue.
Levantar sospecha: to raise suspicion.
Llavero: bunch of keys.

M

Maletín: doctor's bag (medical), attache case (business).
Mal humor: bad mood.
Manguito: over-sleeve.
Mantener: to keep.
Maravillarse: to wonder.
Mareado: dizzy.
Matinal: morning.
Mejilla: cheek.
Mella: notch.
Mensajero/a: courier.
Mercado laboral: labour market.
Mesa camilla: table with skirt.
Miga: crumb.
Minúsculo: tiny.
Miramiento: consideration.
Misiva: missive.
Mochila: backpack.
Molestarse: to be a nuisance.
Monedero: purse.
Montón: pile.
Motivo: reason.
Mueca: face, grimace.
Mujer: woman.
Muñeca: wrist.

N

Nacer: to be born.
Nata: milk skin.
Naturalidad: naturalness.
Náufrago: survivor.
Negarse: to refuse.
Negocio: business.
Nerviosismo: nervousness.
Nexo: nexus.
Noviazgo: engagement.
Nublado: cloudy.

Ñ

—

O

Obligación: duty.
Ocultarse: to hide.
Oferta: offer.
Oler: to smell.
Olfato: sense of smell.
Olor: smell.
Operado/a: operated.
Oprimir: to press down.
Optado: opted.
Órden: order.
Organizar: to organize.
Osar: to dare.

P

Paciente: patient.
Paliza: beating.
Paloma: pigeon.
Panorámica: panoramic view.
Pañuelo: handkerchief.
Papelería: stationery shop.
Paquete: box.
Pariente: relative.
Pasajero (persona/ suceso): passenger/ temporary.
Pasillo: corridor.
Pecho: chest.
Peinar: to comb.
Pensar: to think.
Perfección: perfection.
Perfume: perfume.
Periódico: newspaper.
Permanecer: to remain.
Permanecer quieto: to remain stable.
Permiso: permission.
Pésame: condolence.
Pescado: fish.
Pesquisa: investigation, inquiry.
Piedra: stone.
Pillar: to catch.
Plegable: folding.
Porque: because.
Portero/a: caretaker.
Premura: urgency.
Prenda: garment.

Presidir: to lead.
Presionar: to compel.
Presuponer: to presuppose.
Primo/a: cousin.
Primogénito/a: first-born.
Proeza: achievement.
Propaganda: advertising.
Puericultura: pediatrics.
Puesto: position.
Pulsación: pulse, beat, throb.
Pulverizar: to spray.
Punta: top.
Punto: dot.

Q

Quehaceres: task.
Quemado/a: burnt.

R

Ramo: bouquet.
Recaída: relapse.
Recibo: bill.
Recientemente: recently.
Recipiente: container.
Recoger: to pick up.
Reconducir: to redirect.
Reconocerse: recognise each other.
Recorrer: to go over.
Reflejo: reflection.
Regañadientes: reluctantly.

Regentar: to manage.
Remangar: to roll up (sleeve).
Rencilla: quarrel.
Repartidor: delivery man.
Repentino/a: unexpected.
Repleto: full up.
Repostería: cake shop.
Reprimenda: rebuke.
Residencia: rest home.
Resoplar: to puff.
Retener: to hold back.
Retirar: to remove.
Retraso: delay.
Revelar: to reveal.
Ronda matutina: morning round.
Rosquilla: doughnuts.
Rutina: routine.

S

Sacudir: to shake.
Salud: health.
Seda: silk.
Sellar: to seal.
Sello: stamp.
Sentido del humor: sense of humour.
Señorial: noble, majestic.
Servilleta: napkin.
Sinfín: endless.
Sobre: envelope.
Sobresalir: to stand out.
Sobrino/a: nephew/ niece.
Soledad: solitude.

Sorber: to sip, to suck.
Sospecha: suspicion.
Sudor: sweat.
Suelo: floor.
Sufrido/a: patient, tough.
Suponer: to suppose.

T

Tachar de: to accuse.
Taciturno: taciturn.
Tallo: stem.
Tan a penas: so only.
Tararear: to hum.
Tela: cloth.
Telefonillo: phone.
Temblar: to shake.
Temblor: shaking.
Tembloroso/a: tremulous.
Tenderse: to lie.
Tensiómetro: blood pressure.
Tensión arterial: blood pressure.
Tentado: tempted.
Ternura: affection, tenderness.
Timbre: doorbell.
Tío/a: uncle/ aunt.
Tonto: silly.
Torpeza: clumsiness.
Trabajo: job.
Trámite: procedure.
Traspasado: transferred.
Trayectoria: trajectory, path.
Trigo: wheat.

Tumbarse: to lay down.
Turno: turn.

U

Unir: to join.
Urbano/a: urban.

V

Vejez: old age.
Ventana: window.
Vesícula: gall-bladder.
Veterano/a: veteran.
Viento: wind.
Vuelo: flight.

W
--
X
--
Y
--
Z
—

LÉXICO Y GRAMÁTICA / LEXICON AND GRAMMAR

Algunas perífrasis/ Some periphrasis

Expressions are formed by combining two verbs, in this case the first verb is conjugated, while the second verb remains in the infinitive form.

Ir a+ infinitivo/ to be going to do something (in the near future)

Deber+infinitivo/ must+ verb (obligation or responsibility)

Tener que+ infinitivo/ have to+ verb (external obligation to do something)

Volver a+ infinitivo/ To do something again

Números ordinales/ Ordinal numbers

The ordinal numbers have a masculine and a feminine form, singular and plural form.

Primero/ first
Segundo/ second

Tercero/ third
Cuarto/ fourth
Quinto/ fifth
Sexto/ sixth
Séptimo/ seventh
Octavo/ eighth
Noveno/ ninth
Décimo/ tenth

El tiempo/ The weather

Soleado/Sunny

Lluvioso/ Rainy

Nublado/ Cloudy

Nevado/Nowy

Hace calor/ It's hot

Caluroso/ warm

Fresco/ cool

Hace frío/ It's cold

Helado/ freezing

Con viento/ windy

Gente/ People

El hombre/ man

La mujer/woman

El chico/ boy

La chica/ girl

El bebé/ baby

Los niños/ children

La gente/ people

El anciano/ old man

La anciana/ old woman

La forma "hay"/ the form "hay"

The form "hay" has two meanings:

There is: There is a bank/ Hay un banco

There are: There are some books/ Hay algunos libros

Is there?: Is there a hotel around here?/ ¿Hay un hotel por aquí?
Are there?: Are there five tables at home?/ ¿Hay cinco mesas en casa?

EXPRESIONES IDIOMÁTICAS/ IDIOMATIC EXPRESSIONS

Estar por las nubes: estar por encima del valor aceptable/ To be above the acceptable value.

Andar mal de la cabeza: estar loco/ To be crazy.

Saber a gloria: tener un sabor excepcionalmente bueno/ To have an exceptionally good taste.

Saber pelos y señales: conocer todos los detalles de un hecho/ To know all details of a fact.

Guardar como oro en paño: guardar algo de una manera muy segura/ To save something in a very safe way.

Perder la pista: no saber dónde está/ Don´t know anything about someone´s life.

Perder la cabeza: perder la razón, volverse loco/ To lose reason, go crazy.

Llegar con la lengua fuera: llegar muy cansado por haber hecho un gran esfuerzo/ To arrive very tired because you have made a great effort.

Matar dos pájaros de un tiro: hacer algo y que se solucionen dos cosas/ to do something and solve two things.

Estar con el corazón en un puño: estar muy nervioso a la espera de algo/ To be very nervous waiting for something.

FRASES HABITUALES/ COMMON PHRASES

Expresar opinión/ Express your opinion

¿Qué opinas sobre "pon aquí la palabra o frase"?/ What is your opinion about "write here the word or phrase"?

Creo que "pon aquí la palabra o frase"/ I think that "write here the word or phrase"

¿Qué piensas de "pon aquí la palabra o frase"?/ What do you think of "write here the word or phrase"?

Pienso que "pon aquí la palabra o frase"/ I think that "write here the word or phrase"

¿Qué opinión tienes de "pon aquí la palabra o frase"? / What is your opinion of "write here the word or phrase"?

En mi opinión, "pon aquí la palabra o frase"/ In my opinion, "write here the word or phrase"

Explicaciones/ Explanations

Porque/ Because

Como/ As

Gracias a/ Thanks to

Es que/ It´s just that

En vista de que/ Seeing that

Debido a/ Owing to

Ya que/ for

A causa de / Because of

Por ese motivo/ For this reason

Como consecuencia de/ As a result of

Comparaciones/ Comparisons

Relativamente/ Comparatively

Comparado con/ Compared with

Son iguales/ Are just the same

Es igual que/ Is the same as

Casi tantos... como/ Almost as many… as

Se parece mucho/ Really looks like

Son muy similares/ Are very similar to

Son mucho menos/ Are less than

Más que/ More than

Es superior/ Is superior to

No se parece en nada a/ It is not at all like

La diferencia entre/ The difference between

Muchísimo mejor/ Much better

Muchísimo peor que/ Much worse than

Propuestas/ Offers

¿Puedo ayudarte en algo?/ Can I do anything to help?

Estoy dispuesto/ I´m ready to

¿Necesitas ayuda?/ Do you need any help?

Sería un placer/ It would be a pleasure to

EJERCICIOS DE COMPRENSIÓN LECTORA/ READING COMPREHENSION EXERCISES

Escoge la respuesta correcta / Choose the correct answer

Ejercicios comprensión lectora capítulo uno/ Reading comprehension chapter one exercises

1.- ¿Qué animal cuida Adolfo?
a) Un gato
b) Un perro
c) Una paloma

2.- ¿Quién es Beatriz?
a) Una enfermera.
b) La hija de Adolfo.
c) La vecina.

3.- ¿Qué le ha entregado María a Beatriz?
a) Un mapa del tesoro.
b) Un paquete con rosquillas.
c) Un billete de diez euros.

Ejercicios comprensión lectora capítulo dos/ Reading comprehension chapter two exercises

4.- ¿Qué contiene el paquete?

a) Una foto y dos rosquillas.
b) Una carta y dos rosquillas
c) Nada.

5.- ¿Por qué se pone nervioso Adolfo?

a) Teme que Beatriz, la enfermera, encuentre la carta.
b) No encuentra el libro de lectura.
c) Se acuerda de que tiene una cita médica.

6.- ¿A quién llama Beatriz para contarle lo que le ha pasado a Adolfo?

a) A su mejor amiga.
b) A la hija de Adolfo.
c) A su madre, que es médico.

Ejercicios comprensión lectora capítulo tres/ Reading comprehension chapter three exercises

7.- ¿Cual es el motivo por el que la enfermera llega tarde a casa de María?

a) Por lo sucedido a Adolfo.
b) Por que se despertó tarde.
c) Por que no recordaba la dirección.

8.- ¿Qué rememora María?

a) La tarde anterior, cuando jugó a las cartas con sus amigas.
b) El día que ella y Adolfo se despidieron, cuando eran jóvenes.
c) El verano pasado en la playa.

9.- ¿Estaban de acuerdo sus familias con la relación de los jóvenes?

a) Sí, querían que se casaran pronto.
b) No, eran dos familias enfrentadas.
c) No opinaban al respecto.

Ejercicios comprensión lectora capítulo cuatro/ Reading comprehension chapter four exercises

10.- ¿Contesta Adolfo a la carta de María?

a) No, no sabría cómo dársela.
b) Sí.
c) No, no sabe escribir.

11.- ¿Qué le dice?

a) Que quiere verla.
b) Que no la conoce.
c) No le contesta.

12.- ¿Cómo se siente Adolfo después de escribir la carta?

a) Se siente muy triste.
b) Siente que tiene muchas cosas que hacer y no quiere perder el tiempo.
c) Siente que no quiere saber nada de María.

Ejercicios comprensión lectora capítulo cinco/ Reading comprehension chapter five exercises

13.- ¿De dónde recibe una oferta de trabajo Beatriz?

a) Del hospital de un pueblo cercano.
b) De China.
c) De Londres.

14.- ¿Dónde guarda Adolfo la carta para María?

a) En un zapato.
b) En un ramo de flores.
c) En un libro.

15.- ¿Qué le hace prometer María a Beatriz cuando se despiden?

a) Que irá a visitarla siempre que venga a España.
b) Que le escribirá emails semanales.
c) Que volverá en un año.

Ejercicios comprensión lectora capítulo seis/ Reading comprehension chapter six exercises

16.- ¿Quién le ayuda a encontrar la dirección de María?

a) El portero.
b) Un amigo.
c) Marcela, la nueva enfermera.

17.- ¿Dónde encuentran la dirección de María?

a) Escrita en un trozo de servilleta.
b) En el cuaderno de Marcela.
c) Dentro de una rosquilla.

18.- ¿Qué está dispuesto a hacer Adolfo?

a) Está dispuesto a enviar una carta por correo a casa de María.
b) Está dispuesto a ir él mismo a casa de María.
c) Está dispuesto a que su hija vaya en vez de él.

Ejercicios comprensión lectora capítulo siete/ Reading comprehension chapter seven exercises

19.- ¿Cómo va Adolfo hasta casa de María?
a) Va en bicicleta.
b) Va en taxi.
c) Va en autobús.

20.- ¿Qué compra Adolfo para María?
a) Una tarta.
b) Un ramo de claveles.
c) El periódico.

21.- ¿Contesta Adolfo de inmediato cuando María pregunta?

a) No, no hasta la segunda vez que María pregunta.
b) Sí, enseguida contesta.
c) No contesta hasta pasada media hora.

Ejercicios comprensión lectora capítulo ocho/ Reading comprehension chapter eight exercises

22.- ¿Qué le da Adolfo a María cuando se ven?

a) Un beso.
b) El ramo de flores.
c) Un anillo.

23.-¿ Qué le dice Adolfo a María cuando ella le toca la cicatriz de la frente?

a) Que no le duele.
b) Que no se acuerda cuando se la hizo.
c) Que nada ha podido con ellos.

24.- ¿Cuantas personas abriran juntas la misma ventana?

a) Toda la comunidad de vecinos.
b) Dos.
c) Doce.

SOLUCIONES A LOS EJERCICIOS DE COMPRENSIÓN LECTORA/ SOLUTIONS TO THE EXERCISES OF READING UNDERSTANDING

1.-c)
2.-a)
3.-b)
4.-b)
5.-a)
6.-b)
7.-a)
8.-b)
9.-b)
10.-b)
11.-a)
12.-b)
13.-c)
14.-c)
15.-a)
16.-c)
17.-b)
18.-b)
19.-c)
20.-b)
21.-a)
22.-b)
23.-c)
24.-b)

AUDIO

Direct link:

https://soundcloud.com/maria-danader/una-carta-inesperada-maria-danader/s-z4p5w

Download audio link:

https://drive.google.com/open?id=1GFXJOAYf0oMun7CfOQVr2O_BUgsnPWV1

If you have any problem or suggestion write us an email to the following address:

improvespanishreading@gmail.com

Notas/Notes

Notas/Notes

Otros títulos de la colección publicados hasta la fecha

Aprende español – Learn Spanish
con Improve Spanish Reading

Visita nuestra página web

http://improve-spanish-reading.webnode.es/

Made in the USA
Coppell, TX
01 May 2020